ـهياس فيډلر

د جايدادونو د برابرۍ ابتکاري فکر: د غیرمنقول جايدادونو راهنما اسان کړی شو

د جايدادونو برابرى: د جايدادونو د برابري د ابتکاري پورتال له برکته د جايدادونو د اخیستلو خرخولو مؤثر، اسان او مسلکي دريمګړيتوب.

چاپچارې

1.د چاپي کتاب په بڼه | فبروري 2017
(اصلي چاپ په الماني ژبه کې، دسمبر 2016)

ماتهیاس فیډلر (Matthias Fiedler)
Erika-von-Brockdorff-Str. 19
41352 Korschenbroich
جرمني
www.matthiasfiedler.net

تیاری او چاپ:
په اخري مخ د چاپ ټاپه وګورئ

لومړی مخ ډیزاین ماتهیاس فیډلر (Matthias Fiedler)
د برقي کتاب تیاری: ماتهیاس فیډلر (Matthias Fiedler)

ISBN-13: (جلد کاغذي) 978-3-947184-82-8
ISBN-13: (برقي کتاب موبایل) 978-3-947184-00-2
ISBN-13: (برقي کتاب برقي چاپ) 978-3-947184-01-9

منځپانګه

په دې کتاب کې په ګرده نړۍ کې د غیرمنقوله جایدادونو د برابري د يو پورتال (ایپ - اپلیکیشن) لپاره یوه انقلابي مفکوره چې د پام وړ کاروباري عوايدو د احتمال (په ملياردونو یورو) حساب يې لګول شوی تشریح کېږي، کوم چې به د غیرمنقوله جایدادونو په یو سافټویر په ګډون د جایدادونو د ارزښت معلومولو کې ادغام کېږي (د بلیونونو یورو د عوايدو احتمال) .

له دې لارې شخصي او کاروباري جایدادونه، که خپل وي او که په کرایه وي، په یوه مؤثره او وخت ژغورنکې طریقه راهنمايي کېدلی شي. دا د جایدادونو د ټولو راهنماګانو او خاوندانو لپاره د غیرمنقوله جایدادونو د راهنمايي کولو ابتکاري او مسلکي راتلونکی دی. د جایدادونو او علاقه مندانو دا برابری تقریباً په ټولو هیوادونو کې حتی له پولې ورهاخوا هم کار کوي.

ددې په ځای چې غیرمنقوله جایدادونه اخیستونکي یا کرایه کوونکي ته "ورکړل شي"، د جایدادونو د برابري په پورتال (ایپ - اپلیکیشن) کې به معلومول کېږي چې د جایدادونو کوم علاقه مندان په شرایطو برابر دي (د لټون پروفایل) او هغوی به د

اړوندو جایدادونو او د جایدادونو د راهنماګانو سره برابرول او مربوطول کېږي.

فهرست

سرلیک

په کال 2011 کې ما دا دلته تشریح شوې د غیرمنقوله جایدادونو د برابرې ابتکاري مفکوره په فکر کې راوستلې او وده مې ورکړې وه.

زه له 1998 راپدېخوا د جایدادونو د راهنما په کاروبار کې فعال یم (د نورو تر څنګ د جایدادونو د منځګړیتوب، اخیستلو او خرڅولو، ارزښت معلومولو، په کرایه ورکولو او د زمکې د پرمختیا په برخو کې). زه د نورو تر څنګ د جایدادونو د متخصص (IHK)، د غیرمنقوله جایدادونو د سندیافته اقتصادپوه (ADI) او د جایدادونو د ارزښت ادارې (DEKRA) د متخصص په توګه او همداراز په نړیواله توګه د پېژندل شوې جایدادونو ادارې Royal Institution of Chartered Surveyors (MRICS) د غړي په توګه فعال پاتې شوی یم.

ماتهیاس فیډلر (Matthias Fiedler)

Korschenbroich، په 31.10.2016

www.matthiasfiedler.net

1. د جايدادونو علاقه مندانو سره د برابري ابتکاري مفکوره د غيرمنقول جايدادونو راهنما اسان کړی شو

د جايدادونو برابري: د جايدادونو د برابري د ابتکاري پورتال له برکته د جايدادونو د اخيستلو خرڅولو مؤثر، اسان او مسلکي دريمګړيتوب.

ددې په ځای چې غيرمنقوله جايدادونه اخيستونکي يا کرايه کوونکي ته "ورکړل شي"، د جايدادونو د برابري په پورتال (ايپ - اپليکيشن) کې به معلومول کېږي چې د جايدادونو کوم علاقه مندان په شرايطو برابر دي (د لټون پروفايل) او هغوی به د اړوندو جايدادونو او د جايدادونو د راهنماګانو سره برابرول او مربوطول کېږي.

2. د غیرمنقوله جایدادونو د علاقه مندانو او د جایدادونو د وړاندې کوونکو اهداف

د غیرمنقوله جایدادونو د خرڅوونکو او په کرایه ورکوونکو په نظر کې مهمه ده چې د هغوی جایدادونه زر او تر امکاني حده په ځیګه بیه خرڅ شي او یا په کرایه ورکړل شي.

د اخیستلو یا په کرایه نیولو د علاقه مند په نظر کې مهمه ده چې د هغوی د خواهش سره سم جایداد ورته پیدا شي او زر او بې له کوم مشکله یې واخیستلی شي او یا په کرایه ونیولی شي.

3. له دې وړاندې د غیرمنقوله جایداد د لټون طریقه

په عموم کې د غیرمنقوله جایدادونو علاقه مندان په انټرنټ د
خپل خواهش په سیمه کې د خپل خواهش جایدادونه د سترو
شرکتونو په پورتالونو کې ګوري. په دغو کې د یو لنډ پروفایل له
جوړولو وروسته علاقه مندانو ته د ایمیل له لارې غیرمنقوله
جایدادونه او یا یې یو لیست د لینکونو سره ورلېږل کېږي. اکثر دا
د غیرمنقوله جایدادونو په 2-3 پورتالونو ترسره کېږي. له هغې
وروسته د کورونو وړاندې کوونکو سره د ایمیل له لارې تماس
نیول کېږي. په دې طریقه د کورونو وړاندې کوونکي امکان او
اجازه ترلاسه کوي چې له علاقه مندانو سره په ارتباط کې شي.
برسېره پر دې، د علاقه مندو لخوا د خواهش په سیمه کې د
جایدادونو له راهنما سره جلا تماس نیول کېږي او هر یو لپاره د
لټون پروفایل جوړول کېږي.

د غیرمنقوله جایدادونو په پورتالونو کې د جایدادونو وړاندې
کوونکي شخصي او کاروباري وړاندې کوونکي وي. کاروباري
وړاندې کوونکي زیاتره د غیرمنقوله جایدادونو راهنمایان او په
ضمن کې ساختماني شرکتونه، جایدادونو اخیستلو خرڅولو والا

10

او نورې د غیرمنقوله جایدادونو ادارې وي (په متن کې به کاروباري وړاندې کوونکي د راهنما په توري یادیږي).

4. د شخصي وړاندې کوونکي تاوان / د راهنما ګټه

د خرڅولو لپاره جایدادونو په صورت کې د سمدستي شخصي خرڅلاو ضمانت نه وي ځکه چې د بېلګې په توګه د وراثتي جایداد په صورت کې د وارثانو ترمنځ کومه موافقه موجوده نه وي او یا د وراثت ثبوت ورک وي. برسېره پر دې، ناواضحه حقوقي مسلې لکه د اوسېدلو اقامه او داسې نور، د خرڅلاو کار سختولی شي.

د کرایې لپاره جایدادونو په صورت کې داسې کېدلی شي چې شخصي مالکان اړونده رسمي اجازه ونلري، د بېلګې په توګه چې ایا یو کاروباري جایداد (لکه اپارتمان) د کور په توګه په کرایه ورکول کېدلی شي که نه.

کله چې د غیرمنقوله جایدادونو راهنما خپله وړاندې کوونکی وي، نو هغه د دغو اړخونو انتظام کړی وي. پر دې برسېره د جایداد ټول اړوند اسناد (د زمکې پلان، د ځای پلان، د انرجي سند، د ځمکې راجستري، رسمي قواله وغیره) اکثر تیار وي. - په دې توګه د خرڅولو یا په کرایه ورکولو کار په تېزۍ او بې له

پیچلتیاو   امکان   لري.

5. د جایدادونو برابری

ددې لپاره چې د علاقه مندانو او خرڅوونکو یا کرایې لپاره وړاندې کوونکو ترمنځ زر او مؤثر برابری لاسته راوړل شي، په عموم کې مهمه ده چې یو سیستماتیک او مسلکي طریقه کار وړاندې کړی شي.

دا دلته د غیرمنقوله جایدادونو د راهنماګانو او علاقه مندانو ترمنځ د یو بل د لټولو او پیدا کولو په یوه بله طریقه او پروسیجر ترسره کیږي. ددې مطلب دادی چې ددې په ځای چې غیرمنقوله جایدادونه اخیستونکي یا کرایه کوونکي ته "ورکړل شي"، د جایدادونو د برابري په پورتال (ایپ - اپلیکیشن) کې به معلومول کیږي چې د جایدادونو کوم علاقه مندان په شرایطو برابر دي (د لټون پروفایل) او هغوی به د اړوندو جایدادونو او د جایدادونو د راهنماګانو سره برابرول او مربوطول کیږي.

په لومړي قدم کې علاقه مندان د غیرمنقوله جایدادونو د برابري په پورتال کې یو د لټون دقیق پروفایل جوړوي. دا د لټون پروفایل تقریباً 20 مشخصات لري. د نورو تر څنګ دا لاندې

مشخصات (دا لیست بشپړ ندی) د لټون پروفایل لپاره اساسي دي.

- منطقه/ پوسټ کوډ/ ځای
- د ملکیت ډول
- د زمکې اندازه
- د اوسېدو ځای
- بیه / کرایه
- د جوړېدو کال
- پوړ
- د اطاقونو شمېر
- کرایه شوی (هو/ نه)
- زیرزمیني (هو/ نه)
- بالکوني/ تیراس (هو/ نه)
- د بخارۍ ډول
- پارکنګ ځای (هو/ نه)

په دې کې مهمه خبره داده چې مشخصات ازاد پرې نښودل شي، بلکې د یو اړوند مشخص په ځای (لکه د ملکیت ډول) باندې کلیک کولو یا يې خلاصولو سره د یو مخکې نه جوړ شوي لیست د امکاناتو / آپشنونو (لکه د ملکیت ډول: کور، یو فامیلي کور، ګودام، دفتر...) څخه انتخاب کېدلی شي.

د علاقه مندانو لخوا په خپله خوښه د لټون نور پروفایلونه هم جوړېدلی شي. د لټون په پروفایل کې تغیر کول هم امکان لري.

برسېره پر دې، د علاقه مندانو لخوا د تماس بشپړ جزییات په ورکړل شویو برخو کې خوندي کېدلی شي. په دې جزیياتو کې نوم، شخصي نوم، کوڅه، د کور لمبر، پوسټ کوډ، ځای، تلیفون شمېره او ایمیل ادرس شامل دي.

په دې حواله علاقه مندان موافقه کوي چې د تماس جزییات يې ثبتیږي او د جایدادونو د راهنماګانو لخوا به ورته د هغوی د شرایطو سره وړ جایدادونه (څرګند شوي) لیږل کیږي.

ددغې تر ځنګ علاقه مندان د جایدادونو د برابرولو د پورټالونو د چلوونکي سره یوه موافقه کوي.

په وروستي قدم کې د لټون پروفایلونه د پروګرام په برسېر (API - اپلیکیشن پروګرامنګ انټرفیس) - دا د بېلګې په توګه جرمني کې د پروګرامنګ انټرفیس "openimmo" ته ورته دی - کې د جایدادونو مربوطو راهنماګانو، چې تر دغه وخته به ځرګند نه وي، لپاره د لاسرسي ور کېږي. دلته باید دا خبره وکړی شي چې دا پروګرامنګ برسېر - کوم چې تقریباً د ادغام کیلي ده - باید په عمل کې د جایدادونو د هر یو موندل کېدونکي سافټویر لپاره ملاتړ ولري او یا ورته انتقال یقیني کولی شي. که داسې نه وي نو دا باید په تخنیکي توګه امکان ولري. – دا چې په عمل کې داسې د پروګرامنګ سرفیسونه لکه پورته یاد شوی د پروګرامنګ سرفیس "openimmo"او نور د پروګرامنګ سرفیسونه شته، نو د لټون د پروفایل انتقال باید امکان ولري.

اوس د جایدادونو راهنما هغوی سره د منځګړیتوب لپاره موجود جایدادونه د لټون د پروفایلونو سره پرتله کوي. ددې لپاره جایدادونه د جایدادونو د برابري په پورټال کې ادغام کیږي او د اړوندو مشخصاتو سره یې سمون کتل کیږي او ورسره مربوطیږي.

د پرتلې له کولو وروسته د فیصدي په حساب یو سمون لرونکی برابری ښودل کیږي. – د بېلګې په توګه د 50% سمون او برابري په راتګ سره د لټون پروفایل د جایدادونو د راهنما په سافټویر کې ښکاره کیږي.

په دې کې مشخصات یو په یو وزن کیږي (د پواینټونو سیسټم)، تر څو د مشخصاتو د سمون او برابري څخه وروسته نتیجه د برابري یوه فیصدي (د برابري احتمال) راووځي. – د بېلګې په توګه "د ملکیت ډول" مشخص وزن د "اوسېدو ځای" د مشخص نه زیات دی. برسېره پر دې، ځینې خاص مشخصات (لکه زیرزمیني) چې دا جایداد یې باید ولري انتخابېدلی شي.

سمون او برابري لپاره د مشخصاتو د پرتلې پر مهال باید دې خبرې ته پام وشي چې د جایدادونو راهنماګانو ته یوازې د هغوی

د خواهش (ټاکل شوو) منطقو ته لاسرسی ورکړل شي. دا د معلوماتو د پرتله کولو لپاره هڅه کموي. څکه چې د جايدادونو اړوند راهنماګان زياتره وخت په سيمه ييزه توګه فعاليت کوي. – دلته دا خبره د کولو وړ ده چې د "Cloud" په نامه نظام کې نن سبا د ډېرو او غټو برخو معلوماتو خوندي کول او پراخول امکان لري.

دې لپاره چې د جايدادونو د مسلکي منځګړيتوب ضمانت ورکړی شي، نو د لټون پروفايلونو ته يوازې د جايدادونو راهنماګان لاسرسی ترلاسه کوي.

ددې لپاره د جايدادونو راهنماګان د جايدادونو د برابري او سمون د پورتالونو د چلوونکي سره يوه موافقه کوي.

د هرې پرتلې / سمون او برابري نه وروسته د جايدادونو راهنماګان کولی شي چې علاقه مندانو سره او برعکس علاقه مندان د جايدادونو د راهنماګانو سره تماس ونيسي. ددې معنی دا هم ده چې کله د جايدادونو يو راهنما يو علاقه مند ته يو ښکاره شوی جايداد ليږلی وي، نو د هغه د د غه فعاليت ثبوت او يا د خرڅلاو يا په کرايه د نيول کېدلو په صورت کې د

جایدادونو د راهنما هغه فیس چې هغه یې حق لري په اسنادو کې ثبتیږي.

ددې نه وړاندې خبره دا ده چې د جایدادونو راهنما د مالک (خرڅوونکي یا په کرایه ورکوونکي) لخوا د دغه جایداد اجازه لري او یا یې په دې ورسره موافقه کړې چې دغه جایداد وړاندې کړي.

6. د استعمال منطقه

دا دلته تشریح شوی د جایدادونو برابری د اوسېدلو د کورونو او کاروباري ودانیو په سکټور کې د خرڅلاو او کرایې د جایدادونو لپاره دی. د کاروباري جایدادونو لپاره د هغوی مناسب اضافي جایدادي مشخصات غوښتل کېدلی شي.

همداراز د جایدادونو راهنماګان په خپله کولی شي چې د علاقه مند په صفت فعالیت وکړي ځنګه چې په عمل کې هم کېږي، د بېلګې په ډول کله چې د یو مشتري لخوا کار کوي.

د مکان له لحاظه د جایدادونو د برابري دا پورټال تقریباً هر هیواد ته انتقال کېدلی شي.

7. فایدې

د غیرمنقوله جایدادونو دا برابری د علاقه مندانو لپاره ډېرې فایدې لري کله چې هغوی د بېلګې په توګه په خپله منطقه (د اوسېدو ځای) کې او یا د کار د تغیر په صورت کې په یو بل ښار/ بله منطقه کې هلته جایداد لټوي.

هغوی فقط یو ځل یو د لټون پروفایل جوړوي او د خپل خواهش په منطقه کې د فعالو جایداد راهنماګانو څخه ورته د مناسب وړ جایدادونه لېږل کېږي.

د جایدادونو د راهنماګانو لپاره دا د خرڅلاو یا په کرایه د ورکولو په لړ کې د اغېزمندۍ او د وخت د بچ کولو په برخه کې سترې فایدې لري .

هغوی ته سمدستي یو وضاحت په لاس ورځي چې د هغوی لخوا وړاندې شوي اړوند جایداد لپاره د علاقه مند دقیق پوتنسیال شومره غټ دی.

ددې تر څنګ د جایدادونو راهنماګان کولی شي چې خپل اړوند هدف، یعنې هغو علاقه مندانو چې د لټون د پروفایل له لارې یې

د جایداد لپاره خپل خواهشات او افکار څرګند کړې وي، سره نبغ په نبِغه خبرې وکړي (هغوی ته د اړوندو جایدادونو د اظهاراتو د لېږلو له لارې او داسې نور).

په دې طریقه هغو علاقه مندانو چې ورته معلومه وي د څه په لټون دي سره د تماس نیولو کیفیت جیګېږي. په دې طریقه له یو جایداد څخه د کتلو د ورپسې ملاقاتونو شمېر کمېږي. – په دې طریقه د هغو جایدادونو چې خرڅلاو یا کرایې ته وړاندې کېږي لپاره د بازارموندنې ټول ټال وخت کمېږي.

د هغو جایدادونو چې خرڅلاو یا کرایې ته وړاندې شوي وي د علاقه مندانو لخوا له لیدل کېدو وروسته - څنګه چې عادي ده - د خرڅلاو یا کرایې قرارداد ترسره کېږي.

8. د حساب بېلګه (پوتنسیال) - یوازې د خپلې استفادې کورونه او اپارتمانونه (د کرایې له کورونو او اپارتمانونو غیر او همداراز له کاروباري جایدادونو)

د لاندې مثال څخه واضحه کېږي چې د غیرمنقوله جایدادونو د برابري پورتال کوم پوتنسیال لري.

په یوه حوضوي منطقه چې 250.000 اوسېدونکي لري، لکه د Mönchengladbach ښار، کې د سرشمارۍ په حساب 125.000 کورنۍ ژوند کوي (په یوه کورنۍ کې 2 نفر). د کډې بل ځای ته وړلو اوسط تقریباً 10% جوړېږي. په دې توګه کال کې 12.500 کورنۍ کور بدلوي. – په دې کې Mönchengladbach ته د بل ځای نه او یا ترې بل ځای ته د کډې وړلو بیلانس په نظر کې ندی نیول شوی. – د دوی څخه تقریباً 10.000 کورنۍ (80%) د کرایې د کور او تقریباً 2.500 کورنۍ (20%) د اخیستلو د کور لټون کوي.

د Mönchengladbach ښار د متخصصینو د کمېټې د زمکو د بازار د راپور له مخې په کال 2012 کې 2.613 جایدادونه خرڅ شوي وو. – دا پورته یاد شوی شمېر چې د جایدادونو د اخیستلو د علاقه مندانو شمېر 2.500 دی تصدیقوي. په حقیقت کې به دا شمېر زیات وي ځکه چې د بېلګې په توګه هر علاقه مند به هغه جایداد نه وي موندلی چې په لټون پې و. د اټکل له مخې به د علاقه مندانو واقعي شمېر یا په دقیقه توګه د لټون د پروفایلونو شمېر د کور د بدلولو د اوسط درجې تقریباً 10%، یعنې د لټون د 25.000 پروفایلونو دوه چنده وي. دا د ځینو نورو خبرو تر څنګ څرګندوي چې علاقه مندان د غیرمنقوله جایدادونو د برابري په پورتال کې د لټون د یو نه زیات پروفایلونه جوړوي.

د یادونې وړ ده چې تر اوسه پورې د تجربې له مخې د ټولو علاقه مندانو (اخیستونکو یا کرایه کوونکو) نیمو پې کورونه یا نور جایدادونه د جایدادونو د راهنماګانو له لارې موندلي دي، یعنې شاوخوا 6.250 کورنیو .

خو د تجربې پر اساس د ټولو کورنیو لږ تر لږه 70% یې انټرنېټ کې د جایدادونو د راهنماګانو له لارې لټون کړی دی، یعنې ټول 8.750 کورنیو (د 17.500 د لټون د پروفایلونو سره په سمون).

که چیرته د ټولو علاقه مندانو څخه 30%، یعنې 3.750 کورنۍ (د لټون د 7.500 پروفایلونو په سمون) په یو داسې ښار کې لکه Mönchengladbach خپل د لټون پروفایل د جایدادونو د برابرې په پورټال (ایپ - اپلیکیشن) کې جوړ کړي، نو ورسره مربوط راهنماګان کولی شي چې په کال کې 1.500 د لټون دقیقو پروفایلونو (20%) چې د اخیستلو سره علاقه لري او 6.000 د لټون دقیقو پروفایلونو (80%) چې د کرایه کولو سره علاقه لري ته خپل اړوند جایدادونه وړاندې کولی شي.

دا په دې معنی چې د علاقه مندانو لخوا د لټون د هر جوړ شوي پروفایل که اوسط 10 میاشتې ادامه وکړي او د بېلګې په توګه د هر پروفایل میاشتنۍ بیه 50 یورو وي نو د لټون 7.500 په یو

داسې ښار کې چې د اوسېدونکو شمېره يې 250.000 وي په کال کې 3.750.000 يورو د کاروبار کولو پوتنسيال لري.

د جرمني د فدرالي جمهوريت لپاره د حساب پر اساس چې 80.000.000 (اتيا ميليونه) اوسېدونکي لري د کاروبار کولو دا پوتنسيال په کال کې 1.200.000.000 يورو (1,2 مليارده يورو) جوړېږي. – که چيرته د ټولو علاقه مندانو د 30% په ځای د ببلګې په توګه د ټولو علاقه مندانو 40% جايدادونه د جايدادونو د برابري په پورتال کې لټوي، نو دا په کال کې د 1.600.000.000 يورو (1,6 مليارده يورو) د کاروبار کولو پوتنسيال لري.

د کاروبار کولو دا پوتنسيال يوازې د خپلې استفادې د کورونو او اپارتمانونو پر اساس دی. د کورونو په سکټور کې د کرايې او اجارې جايدادونه او د کاروباري جايدادونو ټول سکټور د پوتنسيال په دې حساب کې ندی شامل کړی شوی.

په جرمني کې د جايدادونو د منځګړيتوب په برخه کې د تقريباً 50.000 شرکتونو په صورت کې (د دخيلو ساختماني شرکتونو،

د جایدادونو د راهنماګانو او نورو جایدادي ادارو په ګډون) چې شاوخوا 200.000 کارکوونکي ولري او د بېلګې په توګه د دې 50.000 شرکتونو یوه 20% برخه د جایدادونو د برابرې ددې پورتال څخه په اوسط 2 جوازونو سره استفاده کوي، نو دا د بېلګې په توګه میاشت کې د یو جواز د 300 یورو د بیې په حساب په کال کې د 72.000.000 یورو (72 ملیونه یورو) کاروبار کولو پوتنسیال لري. برسېره پر دې، د لټون د سیمه ییزو پروفایلونو لپاره باید هلته د اخیستلو خرڅولو طریقه کار جوړ شي تر څو د کاروبار کولو یو لا زیات پراخه پوتنسیال رامنځته کړی شي.

د جایدادونو راهنماګان چې د لټون دقیق پروفایل والا علاقه مندانو دا ستر پوتنسیال لري نو د علاقه مندانو خپل ډاټابانکونه - که چیرې لري یې - به نور نه تازه کوي. دا ځکه چې ددې امکان به زیات وي چې د لټون ددې اوسنیو پروفایلونو شمېر احتمالاً د لټون د هغو پروفایلونو څخه زیات وي چې د هغوی په خپل ډاټابانک کې موجود وي.

کله چې د غیرمنقوله جایدادونو د دې ابتکاري پورتال څخه په زیاتو هیوادونو کې استفاده کېږي، نو بیا د بېلګې په توګه په جرمني کې هغه کسان چې د مدیترانه سیند په جزیرې مایورکا (هسپانیه) کې د رخصتیو د اپارټمان لپاره یې د لټون پروفایل جوړ کړی وي او په مایورکا کې ورسره مربوط راهنماګان کولی شي چې د هغوی د پروفایل سره مناسب اپارتمانونه په جرمني کې علاقه مندانو ته د ایمیل له لارې ورولېږني. – که ورته لیږل شوي پیغامونه په هسپانوي ژبه لیکل شوي وي، نو نن سبا علاقه مندان کولی شي چې په انټرنېټ د ژباړې د ملاتړ د پروګرامونو له لارې دغه متن په ډېر لږ وخت کې الماني ژبې ته واړوي.

ددې لپاره چې د لټون د پروفایل برابری د وړاندې شوو جایدادونو سره د یوې ژبې نه په بله کې هم ترسره شي، نو د جایدادونو د برابري په پورتالونو کې به اړوند مشخصات (د ریاضي په حساب) پروګرام شوو مشخصاتو پر اساس - د ژبې نه ازاد - پرتله کېږي او اړونده ژبه به ورسره په پای کې په هماغه ترتیب ورزیاتېږي.

د غیرمنقوله جایدادونو د برابري ددې پورتالونو څخه په ټولو اقلیمونو کې د استفادې په صورت کې به د کاروبار کولو یاد پوتنسیال (یوازې د لټون علاقه مندان) په ډېره اسانۍ سره په لاندې عمومي حساب سره څرګندېدلی شي.

د نړۍ نفوس:

7.500.000.000 (7,5 ملیارده) اوسېدونکي.

1. د صنعتي هیوادونو او اکثریت صنعتي هیوادونو نفوس:

2.000.000.000 (2,0 ملیارده) اوسېدونکي

2. د مخ په پرمختګ هیوادونو نفوس:

4.000.000.000 (4,0 ملیارده) اوسېدونکي

3. د وروسته پاتې هیوادونو نفوس:

1.500.000.000 (1,5 ملیارد) اوسېدونکي

د جرمني د فدرالي جمهوریت د 80 ملیونه اوسېدونکو پر اساس د 1,2 ملیارده یورو په اندازه د کلني کاروبار کولو پوتنسیال د صنعتي، مخ په پرمختګ او وروسته پاتې هیوادونو د لاندې ظاهرو فاکتورونو له لارې حسابېدلی یا اندازه کېدلی شي.

1. صنعتي هیوادونه:	1,0
2. مخ په پرمختګ هیوادونه:	0,4
3. وروسته پاتې هیوادونه:	0,1

په دې طریقه د کاروبار کولو لاندې کلنی پوتنسیال جوړیږي (2, ملیونه یورو x نفوس (صنعتي، مخ په پرمختګ یا وروسته پاتې هیوادونه) / 80 ملیونه اوسېدونکي x فاکتور).

1. صنعتي هیوادونه: 30,00 ملیارده یورو

2. مخ په پرمختګ هیوادونه: 24,00 ملیارده یورو

3. وروسته پاتې هیوادونه: 2,25 ملیارده یورو

ټول: 56,25 ملیارده یورو

9. نتیجه

د غیرمنقوله جایدادونو د برابري دا تشریح شوی پورتال د جایدادونو د لټون کوونکو (علاقه مندانو) او د جایدادونو د راهنماګانو لپاره د پام وړ فایدې لري.

1. د علاقه مندانو لخوا د مناسب جایداد د لټون وخت په واضحه توګه کمېږي، ځکه چې علاقه مندان د لټون پروفایل فقط یو ځل جوړوي.

2. د جایدادونو راهنماګان د علاقه مندانو د شمېر یو ټول ټال وضاحت ترلاسه کوي ځکه چې هغوی دقیق خواهشات ښودلي وي (د لټون په پروفایل کې).

3. علاقه مندان به د جایدادونو د ټولو راهنماګانو څخه یوازې د هغوی د خواهشونو سره د سمو یا مناسبو جایدادونو پېژندګلوی ترلاسه کوي (تقریباً اتوماتیک ډوله انتخاب).

4. د جایدادونو د راهنماګانو لپاره د خپلو انفرادي ډاټابانکونو د منظم ساتلو کار کمېږي ځکه چې هغوی

لپاره به د لټون د پروفایلونو یو لوړ شمېر د تل لپاره موجود وي.

5. او دا چې د جایدادونو د برابري د پورټال سره به یوازې کاروباري وړاندې کوونکي / راهنماګان مربوط وي نو د علاقه مندانو ارتباط به د مسلکي او زیاتره وخت تجربه کارانو راهنماګانو او منځګړو سره کیږي.

6. د جایدادونو د راهنماګانو لپاره د جایدادونو د کتلو د ملاقاتونو شمېر او په ټوله کې د بازارموندنې موده کمیږي. په بدل کې د علاقه مندانو لپاره هم د جایدادونو د کتلو د ملاقاتونو شمېر او د اخیستلو یا په کرایه نیولو د قرارداد کولو وخت کمیږي.

7. د هغه جایداد چې خرڅول کیږي یا په کرایه ورکول کیږي د مالک لپاره هم وخت بچت کیږي. برسېره پر دې، د زر تر زره خرڅلاو یا کرایه کېدو له لارې چې د کرایې جایدادونه څومره کم وخت خالي پاتې کیږي او یا د خرڅلاو جایدادونه څومره زر د خرڅلاو بیه ترلاسه کوي، مالي ګټه یې همدومره زیاته ده.

د غیرمنقوله جایدادونو د برابري ددې مفکورې په ترسره کولو یا تطبیقولو سره د جایدادونو د منځګړتوب په کار کې یو مهم قدم اخیستل کېدلی شي.

10. د جایدادونو د یو نوي راهنما په سافټویر کې د جایدادونو د برابرۍ د پورټالونو ادغام په ګډون د جایدادونو د ارزښت معلومولو

د بشپړاوي په توګه د جایدادونو د برابري د دلته تشریح شوي دې پورټال اساسي برخه اول سر نه د جایدادونو د راهنما یو نوی سافټویر - کوم چې بهتره ده په ګرده نړۍ کې کارېدلی شي - کېدلی شي او یا باید وي. دا په دې معنی چې د جایدادونو راهنماګان کولی شي چې د خپلې استفادې د جایدادونو د راهنما سافټویر تر څنګ د جایدادونو د برابري پورټال وکاروي او یا بهتره دا ده چې د جایدادونو د راهنماګانو نوی سافټویر په ګډون د جایدادونو د برابري پورټال وکاروي.

د جایدادونو د راهنما په خپل سافټویر کې د جایدادونو د برابري ددې مؤثرو او ابتکاري پورټالونو د ادغام له لارې به د جایدادونو د راهنما د سافټویر لپاره یو ځانګړی اساسي مشخص جوړ کړی شي کوم چې به د بازارموندنې په برخه کې ډېر اساسي وي.

له دې امله چې د جایدادونو د منځګړیتوب په کار کې د جایدادونو ارزښت معلومول تل یوه اساسي برخه ده او وي به،

نو د جایدادونو د راهنما په سافټویر کې هم باید د جایدادونو د ارزښت معلومولو یوه آله مدغمه کړی شي. د جایدادونو ارزښت معلومولو ته به د اړوندو حسابي پروګرامونو سره د جایدادونو د راهنما لخوا د جایدادونو د ثبت شوو/ جوړو شوو اړوندو معلوماتو / پارامیترونو د ترونونو له لارې لاسرسی کېدلی شي. که چیرته کوم پارامیترونه کم وي نو د هغوی ځای د جایدادونو راهنما په خپله سیمه کې د بازار تخصص نیسي.

ددغې تر څنګ به د جایدادونو د راهنما په سافټویر کې دا امکان موجود وي چې راهنمايي لپاره د وړاندې شوو جایدادونو په سمدستي بڼه خورول پکې مدغم کړی شي. دا د بېلګې په توګه داسې یوې اسانې کړې طریقې ته اړول کېدلی شي په کومه کې چې د موبایل تلیفون او/ یا ټابلیټ لپاره یو اضافي ایپ (اپلیکیشن) جوړ شي، کوم چې د جایدادونو په سمدستي توګه خپرولو لپاره د ثبتولو نه وروسته په اتومات ډول د جایدادونو د راهنماګانو په سافټویر کې ادغام کوي او یا ورسره مربوطوي.

څومره چې د جايدادونو د برابری دغه مؤثر او ابتكاري پورتال د جايدادونو د راهنماگانو په سافتوير او د جايدادونو د ارزښت د عمل سره زيات مربوطېږي، نو همدومره به له دې لارې د كاروبار او عايد امكان نور هم پسې په واضح ډول زياتېږي.

ماتهياس فيډلر (Matthias Fiedler)،

Korschenbroich, په 31.10.2016

(Matthias Fiedler) ماتهياس فيډلر

Erika-von-Brockdorff-Str. 19

41352 Korschenbroich

جرمني

www.matthiasfiedler.net

www.ingramcontent.com/pod-product-compliance
Lightning Source LLC
Chambersburg PA
CBHW071531210326
41597CB00018B/2959
9783947184828